Pelé™

GUIA DA COPA
BRASIL 2014

ESTE LIVRO PERTENCE A:

____

O MEU TIME FAVORITO É:

____

O MEU JOGADOR FAVORITO É:

____

ESTÁDIO CASTELÃO

FORTALEZA - CE

ANO DE CONSTRUÇÃO: 1973
CAPACIDADE: 58.704 ESPECTADORES

AS REFORMAS DO CASTELÃO VÃO ALÉM DA AMPLIAÇÃO DA CAPACIDADE ATUAL DO ESTÁDIO. O EMPREENDIMENTO CONSTITUI UM COMPLEXO MULTIFUNCIONAL, INCLUINDO RESTAURANTES, CENTROS CULTURAIS E PRAÇAS, TODOS COM ÓTIMA ACESSIBILIDADE, DEIXANDO UM LEGADO PARA A CIDADE.

ARENA AMAZÔNIA

MANAUS - AM

ANO DE CONSTRUÇÃO: 2013
CAPACIDADE: 42.374 ESPECTADORES

INSPIRADO NA DIVERSIDADE E NAS FORMAS DA FLORESTA AMAZÔNICA, ALÉM DE ALIAR TECNOLOGIA E SUSTENTABILIDADE, O ESTÁDIO INCLUI UMA ESTRUTURA METÁLICA SIMILAR A UM CESTO DE PALHA TÍPICO DA REGIÃO QUE PROTEGERÁ A PARTE EXTERNA DAS ARQUIBANCADAS.

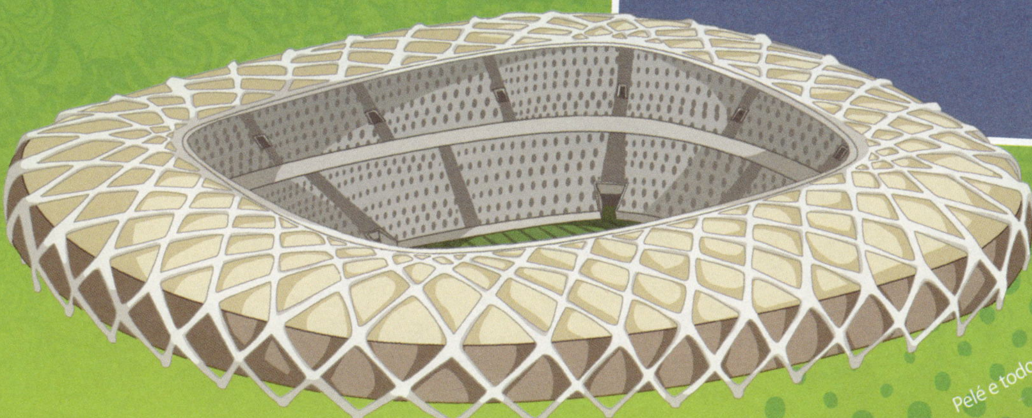

ESTÁDIOS E SEDES

ARENA DAS DUNAS

NATAL - RN

ANO DE CONSTRUÇÃO: 1972
CAPACIDADE: 42.086 ESPECTADORES

O ANTIGO ESTÁDIO "MACHADÃO" É AGORA UMA DAS MAIS BELAS ARENAS DO CAMPEONATO. APÓS O TORNEIO, A ESTRUTURA TAMBÉM SERÁ RELEVANTE PARA A CAPITAL DO RIO GRANDE DO NORTE, PERMITINDO A REALIZAÇÃO DE OUTROS EVENTOS CULTURAIS E ESPORTIVOS.

ARENA PERNAMBUCO

RECIFE - PE

ANO DE CONSTRUÇÃO: 2014
CAPACIDADE: 42.849 ESPECTADORES

A NOVA ARENA RECEBERÁ CINCO JOGOS DA COPA. ELA REPRESENTA UMA ALAVANCA ECONÔMICA PARA A GRANDE RECIFE, O MAIOR AGLOMERADO URBANO DO NORTE-NORDESTE, QUE ABRIGA TRÊS GRANDES CLUBES TRADICIONAIS DO FUTEBOL NACIONAL: NÁUTICO, SANTA CRUZ E SPORT.

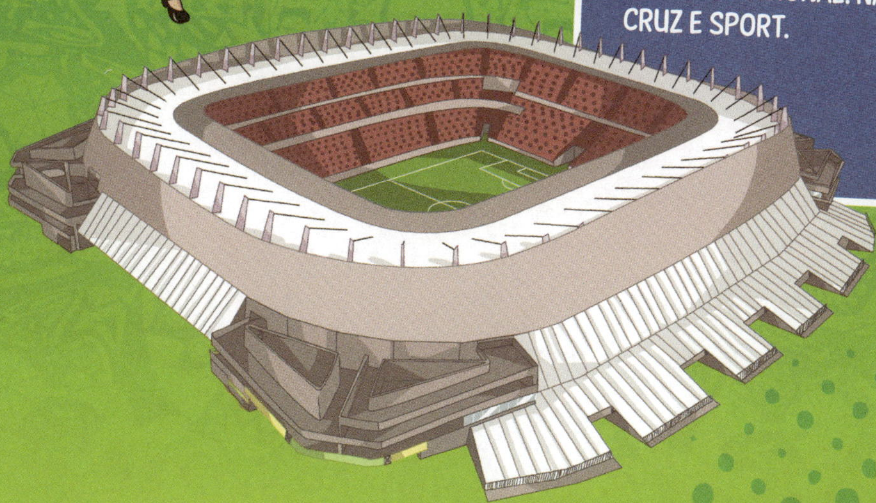

ARENA FONTE NOVA

SALVADOR - BA

ANO DE CONSTRUÇÃO: 1951
CAPACIDADE: 52.048 ESPECTADORES

PALCO DE GRANDES CLÁSSICOS DO FUTEBOL BAIANO, O ESTÁDIO INAUGURADO EM 1951 FOI DEMOLIDO PARA DAR LUGAR A UMA MODERNA ESTRUTURA QUE SEDIARÁ QUATRO JOGOS DA PRIMEIRA FASE DO TORNEIO E DOIS DA FASE FINAL.

ARENA PANTANAL

CUIABÁ - MT

ANO DE CONSTRUÇÃO: 2014
CAPACIDADE: 42.968 ESPECTADORES

CONSTRUÍDA ESPECIALMENTE PARA O TORNEIO, EM SUBSTITUIÇÃO AO ANTIGO ESTÁDIO "VERDÃO", A ARENA FUNCIONARÁ TAMBÉM COMO ESPAÇO MULTIUSO, PODENDO RECEBER NO FUTURO OUTROS EVENTOS COMO FEIRAS, SHOWS E EXPOSIÇÕES.

ESTÁDIOS E SEDES

ESTÁDIO BEIRA-RIO

PORTO ALEGRE - RS

ANO DE CONSTRUÇÃO: 1972
CAPACIDADE: 42.086 ESPECTADORES

O ESTÁDIO HISTÓRICO, CONSTRUÍDO COM O AUXÍLIO DA TORCIDA DO INTER E INAUGURADO EM 1969, PASSA POR UMA ENORME REESTRUTURAÇÃO, QUE INCLUI UMA INOVADORA COBERTURA METÁLICA PARA PROTEGER OS ASSENTOS, AS RAMPAS E OS ACESSOS AOS PORTÕES.

ARENA DA BAIXADA

CURITIBA - PR

ANO DE CONSTRUÇÃO: 1914
CAPACIDADE: 41.456 ESPECTADORES

A ARENA DA BAIXADA OU ESTÁDIO JOAQUIM AMÉRICO GUIMARÃES É UM DOS MAIS MODERNOS E BEM ESTRUTURADOS DO PAÍS. PARA O CAMPEONATO, RECEBEU ADAPTAÇÕES, COMO A CONSTRUÇÃO DE MAIS UM LANCE DE ARQUIBANCADAS PARALELAS AO CAMPO.

ESTÁDIO MINEIRÃO

BELO HORIZONTE - MG

ANO DE CONSTRUÇÃO: 1965
CAPACIDADE: 58.704 ESPECTADORES

SEIS JOGOS DA COPA, INCLUINDO UMA SEMIFINAL, ACONTECERÃO NO ESTÁDIO, COMPLETAMENTE REFORMADO. GUIADAS POR PRINCÍPIOS DE SUSTENTABILIDADE, AS REFORMAS INCLUEM O REBAIXAMENTO DO CAMPO E MELHORIA NA ACESSIBILIDADE.

ESTÁDIO NACIONAL

BRASÍLIA - DF

ANO DE CONSTRUÇÃO: 2012
CAPACIDADE: 68.009 ESPECTADORES

UMA NOVA ARENA FOI ERGUIDA SOBRE O ANTIGO ESTÁDIO MANÉ GARRINCHA. CONSTRUÍDA A PARTIR DE UM PLANEJAMENTO SUSTENTÁVEL, A ARENA POSSUI NOVAS ARQUIBANCADAS, NOVA FACHADA, COBERTURA COM ESTRUTURA METÁLICA E UM NOVO GRAMADO QUE PERMITE UMA VISÃO GERAL DO JOGO.

ARENA DE SÃO PAULO

SÃO PAULO - SP

ANO DE CONSTRUÇÃO: 2014
CAPACIDADE: 65.807 ESPECTADORES

ESCOLHIDA PARA A PARTIDA DE ABERTURA DO CAMPEONATO, A ARENA RECEBERÁ AINDA MAIS CINCO JOGOS. A CONSTRUÇÃO DO ESTÁDIO É TIDA COMO UMA INICIATIVA DE DESENVOLVIMENTO DA REGIÃO ONDE ESTÁ LOCALIZADO: A ZONA LESTE DA CIDADE, UMA DAS MAIS CARENTES DA CAPITAL PAULISTA.

ESTÁDIO DO MARACANÃ

RIO DE JANEIRO - RJ

ANO DE CONSTRUÇÃO: 1950
CAPACIDADE: 73.531 ESPECTADORES

O GRANDE MARACANÃ, CONSTRUÍDO PARA A COPA DO MUNDO DE 1950, SERÁ O CENÁRIO DO MAIOR NÚMERO DE PARTIDAS DO CAMPEONATO: SETE JOGOS, INCLUINDO A FINAL NO DIA 13 DE JULHO.

URUGUAI 1930

O URUGUAI FOI ESCOLHIDO PARA SEDIAR A PRIMEIRA COPA DO MUNDO, O QUE PARA O ENTÃO PRESIDENTE DA FIFA, JULES RIMET, FOI UM SONHO VIRANDO REALIDADE. NESSE ANO, O PAÍS COMEMORAVA CEM ANOS DE INDEPENDÊNCIA.

ITÁLIA 1934

OS ENTUSIASMADOS TORCEDORES DA ITÁLIA ASSISTIRAM UM VERDADEIRO SHOW AO VER SUA SELEÇÃO VENCER DE VIRADA A TCHECOSLOVÁQUIA E CONQUISTAR A PRIMEIRA COPA DO MUNDO NA EUROPA.

FRANÇA 1938

VENCENDO O BRASIL NA SEMIFINAL, O TREINADOR ITALIANO FEZ HISTÓRIA AO CONQUISTAR O SEGUNDO TÍTULO CONSECUTIVO. O TIME ESTAVA QUASE QUE COMPLETAMENTE MODIFICADO, O QUE AUMENTOU O DESAFIO DO TÉCNICO.

BRASIL 1950

O GRANDE ESTÁDIO DO MARACANÃ FOI CONSTRUÍDO PARA ESTA COPA, JÁ QUE O BRASIL FOI SEDE DO CAMPEONATO. INFELIZMENTE, O PAÍS NÃO CONQUISTOU O SONHO DE SER CAMPEÃO MUNDIAL, E O TORNEIO TEVE NOVAMENTE O URUGUAI COMO VENCEDOR.

SUÍÇA 1954

EM 1954 FOI A VEZ DA ALEMANHA OCIDENTAL SURPREENDER E CONQUISTAR O TÍTULO. EM UMA FINAL ELETRIZANTE, O PAÍS PERDIA POR DOIS GOLS, MAS CONSEGUIU VIRAR A PARTIDA E DERROTAR A HUNGRIA, INVICTA HÁ 31 JOGOS.

SUÉCIA 1958

FOI NA SUÉCIA QUE O BRASIL CONQUISTOU SEU PRIMEIRO TÍTULO MUNDIAL. PELÉ, COM APENAS 17, BRILHOU NO CAMPO E ENCANTOU COM SEU TALENTO.

CHILE
1962

PELÉ SOFRE UMA SÉRIA CONTUSÃO, DANDO ESPAÇO PARA GARRINCHA SE DESTACAR COMO TALENTO NACIONAL. O BRASIL DEFENDEU O TÍTULO COM MUITA RAÇA E DETERMINAÇÃO.

INGLATERRA
1966

APESAR DE SURPRESAS CAUSADAS POR PORTUGAL E PELA COREIA DO NORTE, OS CAMPEÕES FORAM OS PRÓPRIOS INVENTORES DO FUTEBOL E ANFITRIÕES DA COPA.

MÉXICO 1970

NA PRIMEIRA COPA TRANSMITIDA EM CORES PARA O MUNDO, O BRASIL DEU UM SHOW DE BOLA, COM PELÉ REVITALIZADO E JAIRZINHO MARCANDO GOLS EM TODAS AS PARTIDAS. O BRASIL É A PRIMEIRA SELEÇÃO A SER TRICAMPEÃ.

ALEMANHA 1974

A ALEMANHA OCIDENTAL CONQUISTOU O TÍTULO EM SEU PRÓPRIO PAÍS, SUPERANDO AQUELA QUE ERA CONSIDERADA A MELHOR SELEÇÃO DO MUNDO: A HOLANDA.

ARGENTINA 1978

A ARGENTINA CONQUISTOU O CAMPEONATO EM CASA COM DOIS GOLS DE MARIO KEMPES NA FINAL CONTRA A HOLANDA. O BRASIL TEVE DE SE CONTENTAR COM O TERCEIRO LUGAR, APÓS SER ELIMINADO QUANDO A ARGENTINA VENCEU O PERU POR 6x0.

ESPANHA 1982

APESAR DE O MELHOR JOGO DO CAMPEONATO TER SIDO PROTAGONIZADO POR ITÁLIA E BRASIL, A FINAL FOI DECIDIDA ENTRE OS ITALIANOS E OS ALEMÃES. A *SQUADRA AZZURRA* VENCEU POR 3x1, CONQUISTOU O TRICAMPEONATO E O DESTAQUE FOI PAOLO ROSSI, QUE MARCOU SEIS GOLS NO CAMPEONATO.

MÉXICO 1986

O GRANDE MOMENTO DO CAMPEONATO FOI O BELÍSSIMO GOL DE MARADONA EM CIMA DA INGLATERRA NAS QUARTAS DE FINAL, ONDE ELE DRIBLOU SOZINHO MEIO TIME. A ARGENTINA VENCEU O CAMPEONATO NA FINAL CONTRA A ALEMANHA.

ITÁLIA 1990

A ALEMANHA LEVOU O CAMPEONATO MUNDIAL EM 1990, FAZENDO DE FRANZ BECKENBAUER O SEGUNDO HOMEM A CONQUISTAR O MAIOR TÍTULO DO FUTEBOL TANTO COMO JOGADOR QUANTO COMO TÉCNICO, JUNTO COM ZAGALLO.

EUA
1994

OS ESTADOS UNIDOS SEDIARAM E ORGANIZARAM A COPA QUE TEVE, ATÉ ENTÃO, O MAIOR NÚMERO DE ESPECTADORES. TODOS VIRAM O BRASIL CONQUISTAR SEU PRIMEIRO CAMPEONATO MUNDIAL DESDE 1970.

FRANÇA
1998

A FRANÇA, LIDERADA PELO ZINÉDINE ZIDANE, VENCEU EM CASA SEU PRIMEIRO CAMPEONATO MUNDIAL, DERROTANDO O BRASIL NA FINAL. FOI A PRIMEIRA COPA DO MUNDO COM 32 SELEÇÕES.

JAPÃO E COREIA DO SUL 2002

A PRIMEIRA COPA DO MUNDO NA ÁSIA MARCOU A REDENÇÃO DE RONALDO, QUE FOI O ARTILHEIRO COM OITO GOLS. ELE FEZ DOIS GOLS NA FINAL CONTRA A ALEMANHA.

ALEMANHA 2006

A DETERMINAÇÃO E A UNIÃO DA ITÁLIA FORAM OS FATORES QUE GARANTIRAM O CAMPEONATO PARA O PAÍS. FOI A PRIMEIRA COPA ONDE O CAMPEÃO DO TORNEIO ANTERIOR (BRASIL) TEVE QUE PARTICIPAR DAS ELIMINATÓRIAS.

ÁFRICA DO SUL
2010

A PRIMEIRA EDIÇÃO ORGANIZADA NO CONTINENTE AFRICANO E A PRIMEIRA FINAL VENCIDA PELA ESPANHA. COM UM GOL MARCADO NOS MINUTOS FINAIS DA PRORROGAÇÃO, OS ESPANHÓIS VENCERAM MERECIDAMENTE O TORNEIO, EMBORA TENHAM SIDO DERROTADOS NO PRIMEIRO JOGO NA FASE DE GRUPOS, ALGO INÉDITO NA COMPETIÇÃO.

BRASIL
2014

ESCREVA ABAIXO COMO FOI A COPA DO BRASIL 2014:

DESTAQUES DAS COPAS

PELÉ: FOI O JOGADOR MAIS NOVO A PARTICIPAR DE UMA COPA. ELE TINHA 17 ANOS NO CAMPEONATO DE 1958.

GARRINCHA: JÁ HAVIA PARTICIPADO DA COPA DE 1958, PORÉM NA DE 1962 FOI O PRINCIPAL JOGADOR DA SELEÇÃO BRASILEIRA, EM VIRTUDE DE UMA CONTUSÃO SOFRIDA POR PELÉ.

ZAGALLO: CONSAGROU-SE POR SER O PRIMEIRO CAMPEÃO MUNDIAL TANTO COMO JOGADOR (58, 62) QUANTO COMO TÉCNICO (70).

ROMÁRIO: O JOGADOR TEVE DESTAQUE NA COPA DE 1994, MARCANDO CINCO GOLS NO CAMPEONATO.

RONALDO: O "FENÔMENO" GANHOU O PRÊMIO CHUTEIRA DE OURO POR FAZER OITO GOLS NA COPA DE 2002.

BRASIL CAMPEÃO

CIRCULE AS DATAS EM QUE O BRASIL LEVANTOU A TAÇA!

1970

1962

1990

1986

1950

1930

2006

2014

1958

1966

2002

1994

LIGUE AS METADES

FAÇA UMA LINHA LIGANDO A METADE CORRETA DE CADA ESTÁDIO.

TABELA DA COPA

JOGOS DA 1ª FASE

GRUPO A

12/06 - 17H	BRASIL	X	CROÁCIA
13/06 - 13H	MÉXICO	X	CAMARÕES
17/06 - 16H	BRASIL	X	MÉXICO
18/06 - 19H	CAMARÕES	X	CROÁCIA
23/06 - 17H	CAMARÕES	X	BRASIL
23/06 - 17H	CROÁCIA	X	MÉXICO

PONTOS	1	2	3	4	5	6	7	8	9	TOTAL
BRASIL										
CROÁCIA										
MÉXICO										
CAMARÕES										

GRUPO B

13/06 - 16H	ESPANHA	X	HOLANDA
13/06 - 19H	CHILE	X	AUSTRÁLIA
18/06 - 13H	AUSTRÁLIA	X	HOLANDA
18/06 - 16H	ESPANHA	X	CHILE
23/06 - 13H	AUSTRÁLIA	X	ESPANHA
23/06 - 13H	HOLANDA	X	CHILE

PONTOS	1	2	3	4	5	6	7	8	9	TOTAL
ESPANHA										
HOLANDA										
CHILE										
AUSTRÁLIA										

GRUPO C

14/06 - 13H	COLÔMBIA	X	GRÉCIA
14/06 - 22H	C. DO MARFIM	X	JAPÃO
19/06 - 13H	COLÔMBIA	X	C. DO MARFIM
19/06 - 19H	JAPÃO	X	GRÉCIA
24/06 - 17H	JAPÃO	X	COLÔMBIA
24/06 - 17H	GRÉCIA	X	C. DO MARFIM

PONTOS	1	2	3	4	5	6	7	8	9	TOTAL
COLÔMBIA										
GRÉCIA										
C. DO MARFIM										
JAPÃO										

GRUPO D

14/06 - 16H	URUGUAI	X	COSTA RICA
14/06 - 19H	INGLATERRA	X	ITÁLIA
19/06 - 16H	URUGUAI	X	INGLATERRA
20/06 - 13H	ITÁLIA	X	COSTA RICA
24/06 - 13H	ITÁLIA	X	URUGUAI
24/06 - 13H	COSTA RICA	X	INGLATERRA

PONTOS	1	2	3	4	5	6	7	8	9	TOTAL
URUGUAI										
COSTA RICA										
INGLATERRA										
ITÁLIA										

GRUPO E

15/06 - 13H	SUÍÇA	X	EQUADOR
15/06 - 16H	FRANÇA	X	HONDURAS
20/06 - 16H	SUÍÇA	X	FRANÇA
20/06 - 19H	HONDURAS	X	EQUADOR
25/06 - 17H	HONDURAS	X	SUÍÇA
25/06 - 17H	EQUADOR	X	FRANÇA

PONTOS	1	2	3	4	5	6	7	8	9	TOTAL
SUÍÇA										
EQUADOR										
FRANÇA										
HONDURAS										

GRUPO F

15/06 - 19H	ARGENTINA	X	BÓSNIA H.
16/06 - 16H	IRÃ	X	NIGÉRIA
21/06 - 13H	ARGENTINA	X	IRÃ
21/06 - 19H	NIGÉRIA	X	BÓSNIA H.
25/06 - 13H	NIGÉRIA	X	ARGENTINA
25/06 - 13H	BÓSNIA H.	X	IRÃ

PONTOS	1	2	3	4	5	6	7	8	9	TOTAL
ARGENTINA										
BÓSNIA H.										
IRÃ										
NIGÉRIA										

GRUPO G

16/06 - 13H	ALEMANHA	X	PORTUGAL
16/06 - 19H	GANA	X	EUA
21/06 - 16H	ALEMANHA	X	GANA
22/06 - 19H	EUA	X	PORTUGAL
26/06 - 13H	EUA	X	ALEMANHA
26/06 - 13H	PORTUGAL	X	GANA

PONTOS	1	2	3	4	5	6	7	8	9	TOTAL
ALEMANHA										
PORTUGAL										
GANA										
EUA										

GRUPO H

17/06 - 13H	BÉLGICA	X	ARGÉLIA
17/06 - 19H	RÚSSIA	X	C. DO SUL
22/06 - 13H	BÉLGICA	X	RÚSSIA
22/06 - 16H	C. DO SUL	X	ARGÉLIA
26/06 - 17H	C. DO SUL	X	BÉLGICA
26/06 - 17H	ARGÉLIA	X	RÚSSIA

PONTOS	1	2	3	4	5	6	7	8	9	TOTAL
BÉLGICA										
RÚSSIA										
ARGÉLIA										
C. DO SUL										

TABELA DA COPA

JOGOS DA 2ª FASE

OITAVAS DE FINAL				
28/06 - 13H	#1	1º A	X	2º B
28/06 - 17H	#2	1º C	X	2º D
29/06 - 13H	#3	1º B	X	2º A
29/06 - 17H	#4	1º D	X	2º C
30/06 - 13H	#5	1º E	X	2º F
30/06 - 17H	#6	1º G	X	2º H
01/07 - 13H	#7	1º F	X	2º E
01/07 - 17H	#8	1º H	X	2º G

QUARTAS DE FINAL				
04/07 - 17H	#A	#1	X	#2
04/07 - 13H	#B	#5	X	#6
05/07 - 17H	#C	#3	X	#4
05/07 - 13H	#D	#7	X	#8

SEMIFINAL

08/07 - 17H	#E	#A	X	#B
09/07 - 17H	#F	#C	X	#D

FINAL

13/07 - 16H	VENCEDOR #E	X	VENCEDOR #F

TERCEIRO LUGAR

12/07 - 17H	PERDEDOR #E	X	PERDEDOR #F

CLASSIFICAÇÃO

CAMPEÃO	
VICE-CAMPEÃO	
3° LUGAR	
4° LUGAR	

ARTILHEIRO DA COPA

NOME:	Nº DE GOLS:

CRAQUES EM CAMPO

MARQUE O NÚMERO DA POSIÇÃO QUE CADA JOGADOR FICA EM CAMPO.

1 GOLEIRO
2 LÍBERO
3 LATERAL ESQUERDO
4 LATERAL DIREITO
5 CENTROMÉDIO
6 ZAGUEIRO
7 PONTA-DIREITA
8 VOLANTE
9 CENTROAVANTE
10 MEIA-ARMADOR
11 PONTA-ESQUERDA

QUEM SÃO OS CAMPEÕES?

MARQUE COM UM 'X' AS BANDEIRAS DOS PAÍSES QUE JÁ FORAM CAMPEÕES DA COPA DO MUNDO.

RUMO AO GOL

SIGA O CÓDIGO ABAIXO E FAÇA SEU CAMINHO ATÉ O GOL.

A SOMBRA DO CRAQUE

MARQUE COM UM 'X' A SOMBRA CORRETA DO JOGADOR ABAIXO.

CAÇA-PALAVRAS

DESCUBRA AS PALAVRAS ESCONDIDAS NO QUADRO ABAIXO.

H	O	H	M	S	J	M	D	Q	G	J	P	Z	H	W	H	O	G	Ê	J
R	K	J	I	E	L	O	X	W	D	Q	L	X	J	R	K	L	A	R	A
A	X	L	N	N	X	T	X	A	S	B	A	R	A	S	L	Á	R	J	A
I	A	O	E	H	C	A	Ç	E	E	A	J	V	O	C	W	G	F	J	H
T	E	H	I	R	F	Ç	P	A	E	N	H	B	F	D	T	Q	O	E	I
U	Ã	Y	R	R	W	A	I	S	A	D	G	N	G	S	Ã	Q	Ã	R	D
P	E	L	Ã	F	S	L	E	X	L	E	T	H	H	R	Y	O	K	U	Y
E	N	A	O	B	O	L	A	V	Ã	I	D	T	J	A	E	M	I	K	W
E	M	E	N	I	E	E	U	Ç	B	R	A	S	I	L	D	Z	I	P	E
X	D	D	G	O	A	C	F	M	L	I	A	U	L	D	D	É	P	U	K
O	S	S	A	W	L	S	P	I	N	N	U	I	M	S	S	Y	B	Ã	J
R	L	F	Ç	A	H	Q	A	F	C	H	Z	S	D	F	T	L	A	T	A
U	S	M	A	R	A	C	A	N	Ã	A	I	U	O	Ã	U	I	E	T	U
C	O	V	T	D	J	G	Q	T	T	G	N	E	M	D	R	U	R	E	O
B	U	V	U	F	K	Ã	I	E	A	E	C	L	A	E	U	V	C	A	L
A	Y	B	U	E	W	H	Ã	B	D	S	S	T	N	D	M	X	C	J	M

MARACANÃ

BOLA

BANDEIRINHA

TAÇA

MINEIRÃO

BRASIL

BOM DE BOLA

CONTE QUANTAS BOLAS HÁ NA IMAGEM ABAIXO E MARQUE O RESULTADO.

RESPOSTA: ______________________________

QUIZ DOS CAMPEÕES

TESTE SEUS CONHECIMENTOS DE FUTEBOL RESPONDENDO AS PERGUNTAS SOBRE AS REGRAS DO JOGO!

1. O CAPITÃO DE UM TIME É IDENTIFICADO PORQUE, ALÉM DO UNIFORME, USA UM...

- A. CAPACETE
- B. BRACELETE
- C. BIGODE
- D. PERUCA

2. O CAMPEONATO MUNDIAL DE FUTEBOL É REALIZADO A CADA QUANTOS ANOS?

- A. SEIS
- B. DOIS
- C. QUATRO
- D. OITO

3. QUE OBJETO O ÁRBITRO ASSISTENTE LEVANTA AO OBSERVAR UMA INFRAÇÃO DE IMPEDIMENTO OU A SAÍDA DA BOLA PELAS LINHAS DO CAMPO?

- A. LANTERNA
- B. BANDEIRA
- C. CORDA
- D. CARTÃO

4. O GOL MARCADO DIRETO DE UMA COBRANÇA DE ESCANTEIO SE CHAMA:

- A. GOL OLÍMPICO
- B. GOL DE PLACA
- C. GOL DE LETRA
- D. GOL DE OURO

5.

QUAL DESTAS VESTIMENTAS NÃO FAZ PARTE DO UNIFORME DOS JOGADORES, GOLEIROS E ÁRBITROS DE FUTEBOL?

- A. CANELEIRA
- B. CALÇÃO
- C. CACHECOL
- D. MEIA

6.

O JOGADOR QUE ATUA ENTRE A DEFESA E O ATAQUE ARMANDO JOGADAS COM PASSES HABILIDOSOS PARA OS ATACANTES É O:

- A. MEIA
- B. LATERAL
- C. LÍBERO
- D. ZAGUEIRO

7.

JOGADOR QUE FAZ O MAIOR NÚMERO DE GOLS EM UMA PARTIDA, CAMPEONATO OU ANO:

- A. ATACANTE
- B. ARTILHEIRO
- C. GOLEIRO
- D. ARMEIRO

8.

QUAL É O NÚMERO MÍNIMO DE JOGADORES COM QUE UMA EQUIPE PODE ESTAR COMPOSTA, DOS QUAIS UM É O GOLEIRO?

- A. CINCO
- B. SEIS
- C. SETE
- D. OITO

9.

A PRORROGAÇÃO É DIVIDIDA EM DOIS TEMPOS DE:

- A. 15 MINUTOS
- B. 30 MINUTOS
- C. 10 MINUTOS
- D. 25 MINUTOS

QUAL É A SELEÇÃO?

ESCREVA O NOME DE CADA SELEÇÃO CONFORME O UNIFORME

1. ____________________
2. ____________________
3. ____________________
4. ____________________
5. ____________________
6. ____________________
7. ____________________

PELÉ NAS COPAS

PINTE APENAS AS ESTRELAS COM AS DATAS DAS COPAS QUE O PELÉ PARTICIPOU

1958

1990

1962

1974

1966

2002

1970

1994

A IMAGEM DO CRAQUE!

COM O AUXÍLIO DAS LINHAS, COPIE O ROSTO DO PELÉ DA IMAGEM AO LADO.

VESTIÁRIO

PINTE OS OBJETOS QUE UM JOGADOR PODE VESTIR PARA ENTRAR EM CAMPO.

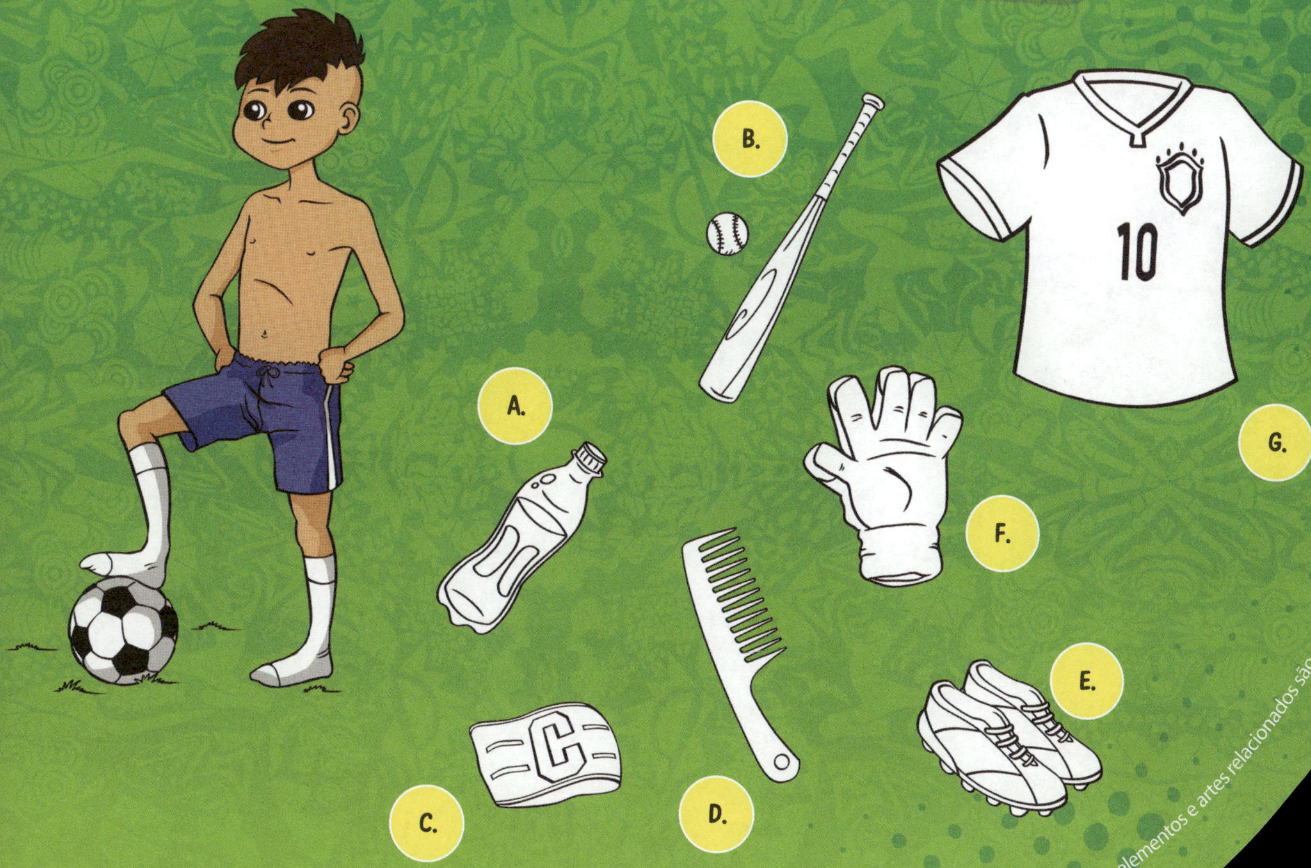

EM BUSCA DO CAMPEONATO!

AJUDE O JOGADOR A ENCONTRAR A SAÍDA DO LABIRINTO E PEGAR A TAÇA!

MINHA SELEÇÃO

MONTE E PINTE A SUA PRÓPRIA SELEÇÃO, DESENHANDO ROSTOS E COLOCANDO O NOME E POSIÇÃO DE CADA JOGADOR.

1. ____________________
2. ____________________
3. ____________________
4. ____________________
5. ____________________
6. ____________________

7. ____________________
8. ____________________
9. ____________________
10. ____________________
11. ____________________

SELEÇÃO: ________________________________

QUIZ - REGRAS DO FUTEBOL

É HORA DE TESTAR SEUS CONHECIMENTOS SOBRE AS REGRAS DO JOGO. AGORA, ASSINALE A OPÇÃO INCORRETA.

1. O CAMPO DE JOGO DEVE:

- A. SER RETANGULAR
- B. TER BANDEIRAS DE CANTO
- C. SER DIVIDIDO EM TRÊS PARTES

2. A BOLA DE JOGO DEVE SER:

- A. ESFÉRICA
- B. DE BORRACHA
- C. DE DUAS CORES

3. SOBRE O NÚMERO DE JOGADORES:

- A. MÍNIMO 7
- B. MÍNIMO 5
- C. MÁXIMO 11

4. O EQUIPAMENTO DOS JOGADORES DEVE CONTER:

- A. LUVAS
- B. CHUTEIRAS
- C. CALÇÕES

5. OS ÁRBITROS ASSISTENTES DEVEM INDICAR QUANDO:

- A. A BOLA SAIR DE CAMPO
- B. FOR SOLICITADA UMA SUBSTITUIÇÃO
- C. O TEMPO DO JOGO TERMINAR

6. EM RELAÇÃO A DURAÇÃO DA PARTIDA:

- A. DEVE TER 90 MINUTOS
- B. DOIS TEMPOS DE 45 MINUTOS
- C. INTERVALO DE NO MÁXIMO 5 MINUTOS

7.

SOBRE O ÁRBITRO:

- A. SÃO DOIS ÁRBITROS NA PARTIDA
- B. FAZ CUMPRIR AS REGRAS
- C. CONTROLA O TEMPO DE JOGO

8.

SOBRE O INÍCIO E O REINÍCIO DO JOGO:

- A. DEVE SER JOGADO UMA MOEDA
- B. O TIME DA CASA COMEÇA A PARTIDA
- C. LANÇAMENTO LATERAL É UMA FORMA DE RECOMEÇAR A PARTIDA

9.

A BOLA ESTÁ EM JOGO QUANDO:

- A. O JOGO FOR INTERROMPIDO
- B. REBATER NAS TRAVES
- C. REBATER NO ÁRBITRO

10.

O GOL É MARCADO QUANDO:

- A. O JOGADOR NÃO ESTIVER IMPEDIDO
- B. ULTRAPASSAR A LINHA DO GOL
- C. FICAR EM CIMA DA LINHA DO GOL

11.

O JOGADOR NÃO ESTÁ EM POSIÇÃO DE IMPEDIMENTO SE:

- A. ESTÁ NA SUA METADE DO CAMPO
- B. ESTÁ NA FRENTE DOS ADVERSÁRIOS
- C. ESTÁ NA MESMA LINHA COM O ÚLTIMO ADVERSÁRIO

12.

O JOGADOR PODE SER PUNIDO QUANDO:

- A. RETARDAR O REINÍCIO DO JOGO
- B. CUSPIR EM UM ADVERSÁRIO
- C. FIZER UM LANÇAMENTO LATERAL COM AS MÃOS

13.

OS TIROS LIVRES:

- A. SÃO COBRADOS COM A BOLA PARADA
- B. SÃO SEMPRE EXECUTADOS PELO CAPITÃO
- C. PODEM SER DIRETOS OU INDIRETOS AO GOL

14.

A COBRANÇA DE PÊNALTI:

- A. PODE SER FEITA PELO GOLEIRO
- B. PODE SER FEITA COM OS JOGADORES DENTRO DA ÁREA
- C. PODE TOCAR EM UMA TRAVE ANTES DE ENTRAR NO GOL

15.

O ARREMESSO LATERAL É:

- A. UMA FORMA DE REINICIAR O JOGO
- B. UM TIPO DE PENALIDADE
- C. REALIZADO COM AS MÃOS

16.

SOBRE O TIRO DE META:

- A. PODE HAVER GOL NO TIRO DE META
- B. É UMA FORMA DE REINICIAR O JOGO
- C. É ARREMESSADO COM AS MÃOS

17.

SOBRE O ESCANTEIO:

- A. É SEMPRE EXECUTADO PELO GOLEIRO
- B. É UMA FORMA DE REINICIAR O JOGO
- C. PODE SER COBRADO DIRETAMENTE PARA O GOL

A VEZ DO JUIZ

UM BOM JUIZ SEMPRE TEM SEU APITO. VAMOS CONTAR QUANTOS HÁ NA IMAGEM ABAIXO?

RESPOSTA: ______________________

JOGO DAS SOMBRAS

VOCÊ CONHECE BEM O CRAQUE DA CAMISA 10? MARQUE-O NA SOMBRA CERTA.

CAMPEÃO AO AVESSO

DESEMBARALHE AS PALAVRAS E REEESCREVA AS FRASES CORRETAMENTE PARA SABER MAIS SOBRE O REI DO FUTEBOL

1. PELÉ FOI O DOJORGA MAIS VONO A CIPARTPARI DE UMA CPAO. ELE TINHA 17 OSAN NO CAONATOMPE DE 1958.

2. PELÉ É O CONIÚ A CIPARTIPAR DE TRÊS EPESQUI PECAMÃS DE PACO DO NDOMU.

3. É O ORMAI ROTILHEIAR DE DOSTO OS POSTEM DA ÇÃOLESE RASIBRALEI.

ANOS DOS CAMPEÕES

PREENCHA CADA CAMPO COM O PAÍS VENCEDOR DA COPA DO ANO RESPECTIVO.

SUDOKU

COMPLETE ESTA GRADE DE MODO QUE TENHA 4 FIGURAS DIFERENTES EM CADA LINHA E COLUNA.

FORME PALAVRAS

FORME PALAVRAS COM AS LETRAS QUE APARECEM NA FRASE ABAIXO.

PELÉ É O MAIOR ARTILHEIRO DA SELEÇÃO BRASILEIRA.

EX: BOLA

É GOL!

AJUDE O CRAQUE A CHEGAR ATÉ A TRAVE E MARCAR UM GOL!

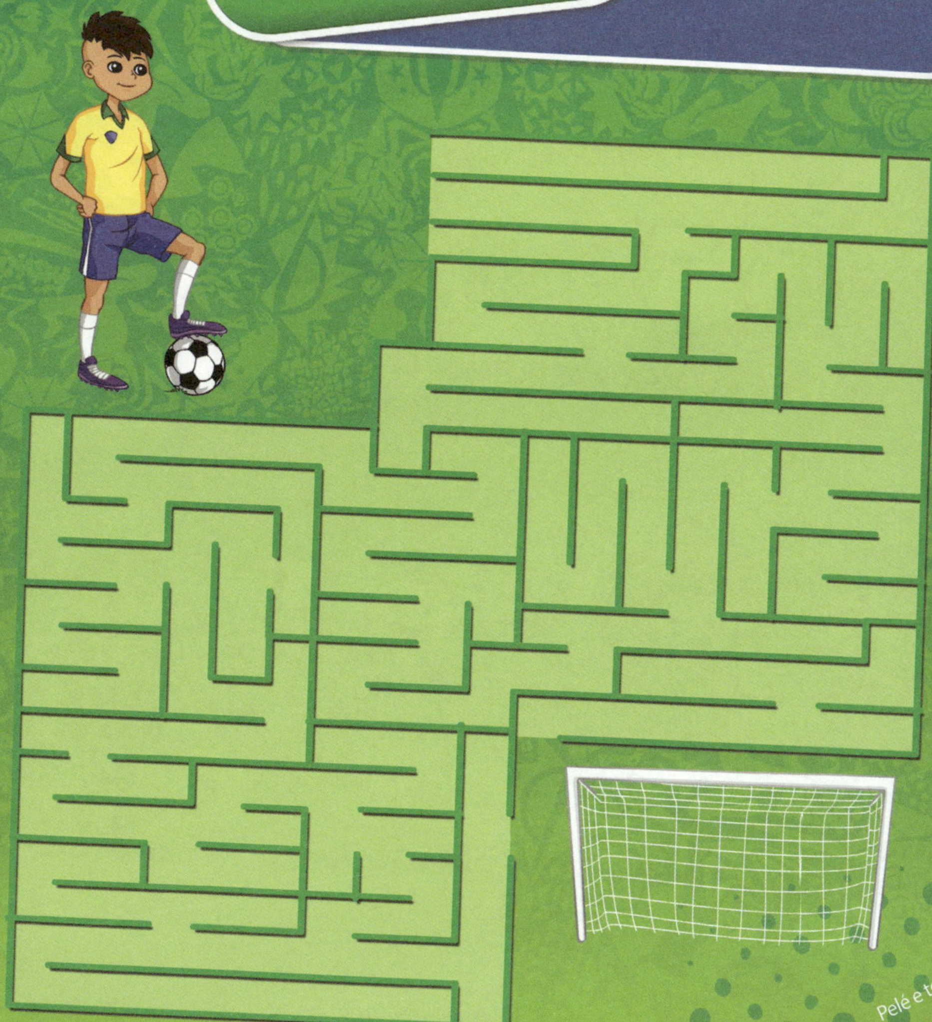

QUAL É O PAÍS?

ESCREVA O NOME DO PAÍS QUE CADA TORCEDOR REPRESENTA.

MARQUE UM GOL!

ENCONTRE O CAMINHO QUE TEM COMO RESULTADO O NÚMERO 52 E MARQE UM GOL!

O SEU UNIFORME!

USE SUA CRIATIVIDADE PARA CRIAR O SEU PRÓPRIO UNIFORME DE FUTEBOL!

RESPOSTAS

P. 26 1958, 1962, 1970, 1994, 2002

P. 27 1-C, 2-D, 3-A, 4-B

P. 32

P. 33

P. 34

P. 35 C

P. 36

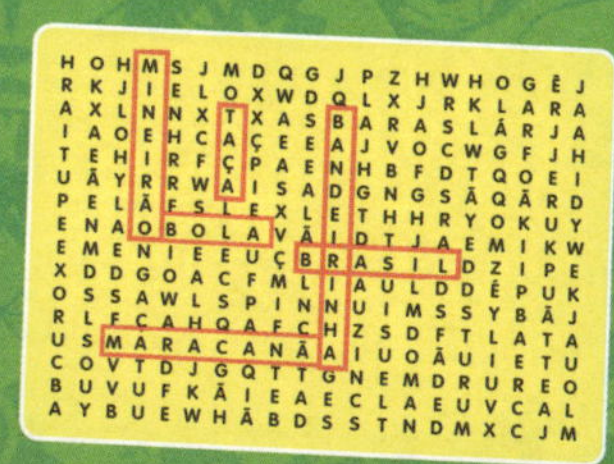

P. 37 23

P. 38 1-B, 2-C, 3-B, 4-A

P. 39 5-C, 6-A, 7-B, 8-C, 9-A

P. 40 1. INGLATERRA, 2. ALEMANHA, 3. URUGUAI, 4. FRANÇA, 5. ITÁLIA, 6. BRASIL, 7. ARGENTINA

P. 41 1958, 1966, 1970

P. 43 C, E, G

P. 44

P. 46 1-C, 2-C, 3-C, 4-A, 5-C, 6-C

P. 47 7-A, 8-B, 9-A, 10-C, 11-B, 12-C

P. 48 13-B, 14-B, 15-B, 16-C, 17- A

P. 49 17

P. 50 D

P. 51 1. PELÉ FOI O JOGADOR MAIS NOVO A PARTICIPAR DE UMA COPA. ELE TINHA 17 ANOS NO CAMPEONATO DE 1958.

2. PELE É O ÚNICO A PARTICIPAR DE TRÊS EQUIPES CAMPEÃS DE COPA DO MUNDO.

3. É O MAIOR ARTILHEIRO DE TODOS OS TEMPOS DA SELEÇÃO BRASILEIRA.

RESPOSTAS

P. 52

P. 53

P. 54

P. 56 A - ARGENTINA, B - ALEMANHA, C - ÁFRICA DO SUL, D - ESPANHA, E - INGLATERRA, F - MÉXICO G - ITÁLIA, H - CHILE

P. 57 C